Philip Militz

FREIMAURERISCHES KERZENGESPRÄCH

SALIER VERLAG

Philip Militz

FREIMAURERISCHES KERZENGESPRÄCH

Salier Verlag

ISBN 978-3-96285-016-6

1. Auflage 2019

Einbandgestaltung: Andreas Collandi, Leipzig
Gestaltung und Herstellung: Salier Verlag, Leipzig

www.salierverlag.de
www.philipmilitz.de

Inhalt

«Das Kerzengespräch war schon mehrfach der Punkt, an dem sich bislang unentschlossene Gäste entschieden haben, einen Aufnahmeantrag zu stellen. Auch für uns Brüder ist es eine echte Bereicherung und Teil jedes Arbeitsplans.»

Adam Tarlinski, LM «Friede und Fortschritt», Wuppertal

Vorbemerkung

für die Teilnehmer
(kann vor Beginn des Gesprächs verlesen werden)

Kerzengespräche sind eine besondere Form freimaurerischer Gesprächskultur*.
Das folgende Konzept gibt dieser Tradition einen zeremoniellen Rahmen. Einerseits um das Logenleben zu bereichern, andererseits um Gästen, die mit der Freimaurerei schon etwas vertraut sind, eine Ahnung von der besonderen Atmosphäre zu vermitteln, die ein harmonisches Zusammenspiel alter Symbole mit Musik und getragenen Texten entfalten kann.
Für den Text wurden alt-überlieferte Formulierungen/Sinnbilder zeitgemäß «arrangiert», jedoch ohne dabei zentrale Passagen aus dem freimaurerischen Ritual zu zitieren. Das Kerzengespräch soll zwar einen Vorgeschmack auf den besonderen Rahmen

* vgl. https://de.wikipedia.org/wiki/Freimaurerische_Gesprächskultur

freimaurerischer Zusammenkünfte ermöglichen, jedoch ohne dabei etwas vorwegzunehmen.
Das vorliegende Konzept wird inzwischen seit vielen Jahren in einer wachsenden Zahl von Logen erfolgreich eingesetzt und stetig verbessert.

Updates werden hier bekannt gegeben:
www.freimaurer.online

Feedback bitte an:
mail@freimaurer.online

Vorbereitung

Einrichtung:
Am Platz des Meisters (M.): Eine Kerze, der zeremonielle Text, ein Holzhammer und eine Schachtel mit Kaminstreichhölzern sowie ein Rauer Stein, Winkelmaß und Zirkel. Am Platz des Aufsehers (A.): Der zeremonielle Text und ein Senkblei. Der Raum sollte nahezu vollständig abgedunkelt sein.

Sitzordnung:
M. am Kopf der Tafel, A. gegenüber, an den Seiten die Brüder (im Idealfall maximal 8 bis 12), Gäste möglichst weit vom M. entfernt, damit die Gäste den Ablauf und die Regeln des Kerzengesprächs durch das Verhalten der vorangehenden Brüder intuitiv erfassen können.

Tipps:
1. Den zeremoniellen Text auf einen eBook-Reader oder ein Tablet laden und den Bildschirm so weit

wie möglich dimmen, damit wirklich nur der Kerzenschein den Raum erleuchtet. Je dunkler der Raum, desto konzentrierter und offener die Gesprächsatmosphäre!

2. Text groß stellen – muss im Stehen lesbar sein!
3. Zum Ende, bevor die Brüder mit dem M. und dem A. in die Kette treten, muss der komplette finale Text aufgeschlagen bzw. lesbar sein, damit die Kette nicht zum Umblättern/Scrollen unterbrochen werden muss.
4. Duftöle oder Räucherstäbchen/-kerzen nutzen, Tisch frei von allem halten, was nicht zum Kerzengespräch gehört (z. B. Gläser, etc.)
5. Langsam und besonnen sprechen und bewegen. Insbesondere das Vorbereiten und Entzünden der Kerze auf die Steigerung des Musikstücks sollte vorher mehrfach geübt werden!
6. Die Musikstücke können wahlweise vom A. oder direkt vom M. gestartet werden. Falls die Stücke auf eine CD gebrannt werden, zwischen die Stücke einen Leertrack brennen (s. u.), um zwischen den Stücken genug Zeit für das Drücken der Pausentaste zu haben (bzw. zu verhin-

dern, dass nach Ende eines Stücks ungewollt direkt der nächste Titel startet). Eine 30-sekündige stille.mp3 kann dafür hier heruntergeladen werden (Zip-Datei – muss vor dem Brennen entpackt werden): www.freimaurer.online/wp-content/uploads/stille.zip

In diesem Fall sollte darauf geachtet werden, dass nach (!) dem Drücken der Pausentaste und vor (!) dem Starten des nächsten Stücks (also noch im Pausenmodus) die Skip- bzw. Vorspringen-Taste gedrückt wird, um aus dem Stille-Track heraus im Pausenmodus zum nächsten Stück zu springen!

Empfohlene Stücke (bei einschlägigen Plattformen downloadbar):

1) «The Stone», Andreas Vollenweider

2) «Elysium», Hans Zimmer (alternativ: Sven Helbig, «Frost» oder »Rise«, Jacob Karlzon, The Big Picture)

3) «Nehmt Abschied Brüder», Andreas Obieglo

Ablauf

M: Meine Brüder, (liebe Gäste), nehmt bitte Platz.

Der Raum wird möglichst vollständig abgedunkelt. Text zur Einführung von erstmals anwesenden Gästen:
Meine Brüder, wir haben heute einen Gast unter uns, *N.N.* aus *X*, für dessen Vertrauenswürdigkeit und Diskretion sich Bruder *N.N.* verbürgt.

Ggf. weitere Namen und Bürgen nennen.

Das, was wir uns hier heute anvertrauen, soll jeder von uns in seinem Herzen bewahren – das ist nicht nur der Grundstein jeder echten Freundschaft, sondern erst recht der Grundstein einer Bruderschaft, wie der Freimaurerei.

Meine Brüder, (liebe Gäste), noch einmal herzlich willkommen, schön, dass Ihr hier seid. Ich möchte vorab alle Brüder noch einmal kurz daran erinnern, dass wir heute nicht in Deckung sind, das heißt: Wir werden uns beim Ruf «In Ordnung!» zwar alle gemeinsam erheben, aber dabei nicht ins Zeichen treten oder die uns anvertrauten Griffe und Worte austauschen.

Der M. schließt die Augen, senkt den Kopf, atmet noch einmal tief durch, hebt den Kopf und öffnet die Augen wieder.

 *Hammerschlag*

In Ordnung! Br. A., warum haben wir uns heute versammelt?

A: Um als Bauleute auch fern der Tempel unsere Arbeit nicht zu vernachlässigen!

M: Worin besteht diese Arbeit?

A: In uns, um uns und über uns zu schauen.

M: Warum, mein Bruder?

A: Weil wir rauen Steinen gleichen, deren Ecken und Kanten wir erkennen und durch beharrliche Arbeit glätten sollen. Ein jeder für sich. Doch mit rechtem Maß, nach meisterlichem Plan, die Mitmenschen und das große Ganze im Blick. Damit wir uns harmonisch in den Bau einer vollkommeneren Gemeinschaft einfügen, wie behauene Steine ins Mauerwerk. Das, was wir vom Ich nehmen, ist das, was das Wir zusammenhält. Je mehr Staub wir aus unseren Eitelkeiten für den Mörtel schlagen, desto fester und harmonischer wird unsere Verbindung. So bauen wir still und beharrlich am Ideal einer besseren Welt.

M: Und wie wollen wir diesem hohen Ziel der Arbeit an uns selbst zum Bau einer vollkommeneren Gemeinschaft heute nachkommen?

A: Durch ein besinnliches Kerzengespräch nach überliefertem Brauch: Im Geiste der Selbsterkenntnis, der Umsicht und der «Alten Pflichten».

M: Dann bitte ich Dich, uns die für heute wichtigsten dieser «Alten Pflichten» noch einmal in Erinnerung zu rufen. Nehmt bitte Platz!

A: Erstens: Aller Vorzug unter Maurern gründet sich allein auf wahrem Wert und persönlichem Verdienst, damit die Bauherrn wohlbedient, die Brüder nicht beschämt werden und die Königliche Kunst nicht in Verachtung gerate. Daher wird kein Meister oder Aufseher nach seinem Alter, sondern nach seinem Verdienst erwählt. Jeder Bruder muss sich auf seinem Posten einfinden und diese Dinge auf eine der Bruderschaft eigentümliche Art erlernen.

M: *Hammerschlag*

A: Zweitens: Obgleich in alten Zeiten die Brüder verpflichtet waren, in jedem Lande von der jeweiligen Religion des Landes zu sein, so hält man doch jetzt für ratsam, sie bloß zu der Religion zu verpflichten, in welcher alle Menschen übereinstimmen und jedem seine besondere Meinung zu lassen. Das heißt, sie sollen gute und wahrhafte Männer sein, Männer von Ehre und Rechtschaffenheit, durch was für Glaubensmeinungen sie auch sonst sich unterscheiden mögen. Hierdurch wird die Maurerei ein Mittelpunkt der Vereinigung und ein Mittel, treue Freundschaft unter Personen zu stiften, welche sonst in ständiger Entfernung voneinander hätten bleiben müssen.

M: *Hammerschlag*

A: Drittens: Ihr sollt weder dem Meister noch dem Aufseher, noch einem Bruder in die Rede fallen. Ihr müsst nichts tun oder sagen, was beleidigen oder eine ungezwungene und freie Unterhaltung stören könnte.

M: *Hammerschlag*

Und was, mein Bruder, ist das wahrscheinlich Wichtigste, an das uns die «Alten Pflichten» erinnern?

A: *Hält einen Moment inne und blickt die Brüder an, während er die ersten drei Worte spricht.*

Übt brüderliche Liebe, den Grund- und Schlussstein, den Kitt und Ruhm der alten Bruderschaft. Vermeidet allen Zank und Streit, alle Lästerungen und Nachreden. Auch erlaubt nicht, dass andere einen rechtschaffenen Bruder verleumden, sondern verteidigt seinen Ruf. Und leistet ihm alle guten Dienste, soweit es mit Eurer Ehre und Wohlfahrt bestehen kann.

M: *Hammerschlag*

Hintergrundmusik als Klangteppich, während Folgendes gesagt und getan werden kann:

M: Dies sind die heute vielleicht wichtigsten unserer «Alten Pflichten», in deren Geist wir zeitlose Stätten der Hoffnung errichten, kreative Funken schlagen, um Herzen zu wärmen und das Dunkel zu lichten.

Der M. nimmt bedächtig, am Tempo der Musik orientiert, die Kamin-Streichholzschachtel, öffnet sie, nimmt langsam ein Streichholz heraus, hebt ruhig Schachtel und Streichholz bis auf Augenhöhe und entzündet das Streichholz mit der ersten Steigerung des Musikstücks. Er lässt es einen kurzen Moment brennen und senkt es dann zur Kerze herab, um diese zu entzünden. Danach pustet er sachte das Streichholz aus, legt es ohne Eile beiseite, hebt gemächlich die Kerze in die Höhe, hält einen Augenblick inne und setzt die Kerze dann langsam wieder ab. Sobald er die Kerze auf dem Tisch abgesetzt hat, fährt er – noch während die Hintergrundmusik läuft – fort:

M: Meine Brüder, das Thema unseres heutigen Kerzengespräch lautet: …
Wir sammeln uns!

Der M. wartet ab, bis das immer noch laufende Musikstück endet.
Danach erneute kurze und formlose Begrüßung der Brüder (und Gäste), der M. erklärt mit eigenen Worten das Thema sowie die Ausgangsfrage für das Kerzengespräch. Danach:

 *kurzes Musikstück und Zeit zum Nachdenken.*

Der M. wiederholt noch einmal das Thema: …

M: Darüber, meine Brüder (und liebe Gäste), wollen wir heute frei nach Bruder Lessings Satz aus «Ernst und Falk»: «Nichts geht über das laut Denken mit einem Freunde» gemeinsam laut nachdenken – und zwar nach alt überliefertem Brauch: Mit einem Kerzengespräch.

Das heißt, jeder, der die Kerze gleich gereicht bekommt, darf seine Gedanken frei äußern, ohne unterbrochen zu werden. Und sobald er fertig ist oder sich vielleicht nicht äußern kann oder möchte, reicht er die Kerze im Uhrzeigersinn an den nächsten weiter und wiederholt dabei noch einmal die Frage.

Der Unterschied zu üblichen Gesprächen ist, dass beim freimaurerischen Kerzengespräch die vorangegangenen Beiträge nicht bewertet werden. Wir können zwar einen Gedanken aufgreifen, weiterdenken oder auch zu Ende führen, wollen ihn aber nicht als gut oder schlecht bewerten, weil es hier in diesem Kreise nicht darum geht, andere zu überreden, sich an ihnen abzuarbeiten, sondern darum, andere Überzeugungen als Denkanstöße für die Arbeit am eigenen Rauen Stein mit nach Hause zu nehmen.

Der M. wiederholt noch einmal die Frage und reicht dann die Kerze zum Kerzengespräch im Uhrzeigersinn weiter.

Nach Ende des Gesprächs fasst er noch einmal kurz die Gedanken der Brüder zusammen und äußert seine eigenen Gedanken, wonach er einen kurzen Moment innehält, um dann zum Ende zu kommen.

M: *Hammerschlag*

In Ordnung! Meine Brüder (liebe Gäste), wir haben heute in uns geschaut, indem jeder von uns seine Gedanken gesammelt hat.
Wir haben um uns geschaut, indem wir unsere Erkenntnisse nicht für uns behalten, sondern sie miteinander geteilt haben.
Und wir haben über uns geschaut, indem wir mit einem Kerzengespräch nach alter Väter Sitte und

im Geiste der «Alten Pflichten» daran gearbeitet haben, uns nicht nur Brüder zu nennen, sondern uns auch wie solche zu kennen.
Selbsterkenntnis, Freundschaft und Gemeinsinn. Einsicht, Umsicht und Weitsicht. Das sind seit Jahrhunderten die tragenden Säulen unserer Bruderschaft, an denen wir auch heute wieder gearbeitet haben. Und dafür danke ich Euch.

Nach kurzem Innehalten:

M: *Hammerschlag*

Musik und darauf in einem langsamen, der Musik angepassten Tempo fortfahren; kurze Pausen nach einem Komma, längere Pausen nach einem Punkt oder Zeilenumbruch:

Schluss

M: Meine Brüder (liebe Gäste), ich beabsichtige nun dieses Kerzengespräch zu beenden. Wir schließen den Kreis und treten in die Kette.

Der folgende Text muss nun vollständig, ohne umzublättern oder zu scrollen, stehend lesbar sein!

Die Welt ist eine große Seele,
und jede Seele eine Welt.
Das Auge ist der lichte Spiegel,
der beider Bild vereinigt hält.
Und wie sich Dir in jedem Auge
Dein eignes Bild entgegenstellt,
so sucht auch jeder seine Seele,
sein eignes Ich nur in der Welt.

Meine Brüder, das Kerzengespräch ist beendet – gehen wir hinaus und bewähren uns als Baumeister einer vollkommeneren Gemeinschaft, durch niemals endende Arbeit an uns selbst. Mit rechtem Maß, nach meisterlichem Plan, die Mitmenschen und das große Ganze im Blick, doch unbeirrt vom Lärm der Welt. Geleitet von der zeitlosen Weisheit großer Geister, getragen von der Stärke festen Willens *[M. und A. verstärken den Griff]* und gekrönt von der Schönheit guter Taten. Dies ist unser Weg. Der Weg der Königlichen Kunst; der Königlichen Kunst, recht zu leben!

Kurzes Innehalten, dreimaliges Rütteln, Lösen der Hände

Ich danke Euch, meine Brüder.

Nachbemerkung
für anwesende Gäste

Das Kerzengespräch ist zwar ein kleiner «Vorgeschmack» auf die rituellen freimaurerischen Zusammenkünfte, unterscheidet sich aber immer noch in wesentlichen Punkten: Erwähnenswert ist z. B., dass die Einrichtung des Raumes eine gänzlich andere ist, genau wie die Sitzordnung, die Kleiderordnung und die zentralen Abläufe. So gibt es im Rahmen der freimaurerischen Rituale zwar auch eine Rede, aber während des Rituals findet zum Beispiel kein Austausch darüber statt.

Kerzengespräche – eine Spurensuche

> Tausende von Kerzen kann man am Licht einer Kerze anzünden, ohne dass ihr Licht schwächer wird. Freude nimmt nicht ab, wenn sie geteilt wird.
>
> *Buddha*

Hat sich schon mal jemand gefragt, warum im 21. Jahrhundert immer noch Menschen beim Meditieren lieber in eine Kerzenflamme starren, statt ins Licht einer LED-Birne?
Warum schleppen wir nach wie vor säckeweise «Glimma»-Teelichter aus dem IKEA nach Hause, obwohl deren elektrifizierte Schwester «Mognad» wirtschaftlich gesehen auf Dauer die bessere Partie ist?
Mognads mangelnder Wärmewert kann's nicht allein sein. Wir sind kein Volk von Teetrinkern.
Nein, die Antwort ist vermutlich so naheliegend, dass sich die Frage bislang niemand ernsthaft ge-

stellt hat, obwohl es sich lohnt: Was hat Glimma, was Mognad nicht hat?
Ganz einfach: Mehr Sein, als Schein!

Der Blick in eine *echte* Flamme hat etwas Magisches. Selbst dann, wenn es kein knisterndes Kamin- oder Lagerfeuer ist und man eigentlich gar nicht an Magie glaubt.
Feuer lässt keinen kalt. Weder Kinder noch Erwachsene.
An Kamin- und Lagerfeuern tauen Unterkühlte auf, Hitzköpfe kommen zur Ruhe. Flammen, echte Flammen, haben etwas Hypnotisches. Sie berühren etwas in uns, das tief verwurzelt ist.
Seit Menschen das Feuer gezähmt haben, hat es sich in die Mythen und Symbole unserer Kulturen, Religionen, Sprachen gebrannt. Und in unser Unterbewusstsein.

Besonders eindrucksvoll lässt sich das am Lagerfeuer beobachten: Lagerfeuer leuchten die hintersten Winkel unserer Seelen aus. Nur wenige können sich dem entziehen.

Wenn es um einen herum dunkel ist und irgendwo ein Feuer brennt, rückt man fast zwangsläufig näher zusammen. So entsteht unter freiem Himmel eine Art geschützter Raum. Man öffnet sich, offenbart sich vielleicht sogar.
Der Blick in die Flammen macht den Blick eng und den Geist weit: Der Alltag wird ausgeblendet, die Gedanken gehen auf Wanderschaft. Und so ist es vermutlich seit Zehntausenden von Jahren.

Wer die schwierige Suche nach dem Ursprung der freimaurerischen Kerzengespräche beginnt, kann nicht ahnen, dass diese enge Verbindung zur «Lagerfeuer-Atmosphäre» kein Zufall ist.

Wikipedia liefert zum Thema Kerzengespräch zwar einen Treffer, kennt aber nur den Ablauf:
«Dabei sitzen die Teilnehmer in einem (oft abgedunkelten) Raum. Zuerst wird das Thema skizziert. Der erste Diskutant hält eine brennende Kerze in der Hand, die er, sobald er seinen Beitrag beendet hat, an den nächsten Teilnehmer weiterreicht. Solange der Sprecher die Kerze in der Hand hält, kann

er weitersprechen, während die anderen schweigen. Gespräche in dieser Form sind nicht geeignet, Entscheidungen einer Gruppe zu treffen, da das Gespräch selbst das Ziel ist und nicht die Feststellung einer herrschenden Meinung oder eines mehrheitsfähigen Kompromisses. Die freimaurerischen Gespräche finden nur intern statt; gemeinsam mit Gästen werden Gespräche in dieser Art nicht praktiziert.»

Der sog. *Lennhoff/Posner*, das *Internationale Freimaurer-Lexikon* (Anfang des vergangenen Jahrhunderts verfasst), kannte in der ursprünglichen Version keine Kerzengespräche.

Anders das neuere *Deutsche Freimaurerlexikon* von Reinhold Dosch. Darin sind auch schon deutlich detaillierte Angaben zum Ablauf zu finden:
«Das Kerzengespräch ist eine neuerliche Logenveranstaltung in Deutschland, die wie folgt abläuft: Die Brüder sitzen an einer großen, gemeinsamen Tafel. Der Raum ist abgedunkelt. Vor dem Meister vom Stuhl (LM) steht eine brennende Kerze. Dann nennt

dieser ein Thema, das meist nicht vorher bekannt ist, und spricht einige einleitende Sätze. Anschließend gibt er die Kerze an seinen Nachbarn. Dieser sagt zu diesem Thema das, was ihm am Herzen liegt oder spontan einfällt. Wenn er seine Gedanken geäußert hat, reicht er die Kerze an seinen Nachbarn weiter – bis diese schließlich wieder beim Meister vom Stuhl (LM) ankommt und dieser ein Schlusswort spricht.

Folgende Regeln sind zu beachten: Nur der Bruder, bei dem die Kerze steht, darf sprechen; und zwar solange, wie er möchte. Alle anderen müssen schweigen. Falls ein Bruder nichts sagen will, gibt er die Kerze seinem Nachbarn weiter. Manchmal kann es zweckmäßig sein, die Kerze eine zweite Runde wandern zu lassen.

Kerzengespräche sind dann sinnvoll, wenn in der Loge unterschwellig Probleme kontrovers betrachtet, aber nicht ausgesprochen werden. Die Möglichkeit, dass jeder wirklich unbeeinflusst zu Wort kommt (und nicht nur die Vielsprecher), gibt ein sehr zutreffendes Meinungsbild der Brüder und fördert die Disziplin des Zuhörens.»

So weit, so gut. Aber was heißt «neuerliche Logenveranstaltung»? Näheres zu Alter und Herkunft der Tradition ist auch dem «Dosch» nicht zu entlocken. Die Spurensuche ist komplizierter – aber auch umso spannender.

Wer sich auf den Weg macht, der Spur der Kerzengespräche durchs Dickicht der Geschichte zu folgen, landet irgendwann bei der «Weißen Lilie». Eine Loge, die sogar vielen Freimaurer-Brüdern unserer Tage unbekannt ist, obwohl sie etwas ganz Besonderes ist: 1960 in Würzburg gegründet, damit vergleichsweise jung und eine sog. Wanderloge. Die Bezeichnung ist Programm: Die Logentreffen finden an wechselnden Orten statt.
Auch die namengebende Lilie ist kein Zufall. Die Loge wurde u. a. von Pfadfindern gegründet, die nicht nur eine Lilie als Logo haben, sondern auch einen Teil des besonderen «Logen-Spirits» hervorbrachten.

Gerhart Groß, gewissermaßen ein Zeitzeuge mit engem Kontakt zu alten «Lilienbrüdern», war einer der wenigen Brüder, die aus ihrer Erinnerung Erhellendes zur «Weißen Lilie» und zu den Kerzengesprächen zu berichten hatten:

«Ihre Gründungsmitglieder entstammten allesamt der sog. Jugendbewegung, und bis heute kommen sie aus allen drei deutschen Obödienzen oder ausländischen Logen.

Ihr Motto ist die sog. Meißner Formel, dem Ideal der vor ca. 120 Jahren entstandenen bündischen Jugend, allen voran der Wandervögel: ‹Ich will mein Leben führen in eigener Verantwortung, aus eigener Bestimmung und mit innerer Wahrhaftigkeit.› Über die Bildung des Einzelnen zu einer besseren, selbstbefreiten Gesellschaft gelangen. Übrigens abgeleitet aus Reden von Johann Gottlieb Fichte, einem Weggefährten Goethes und Freimaurer. Zu den, ich will nicht sagen Ritualen, aber den formenden Besonderheiten der Jugendbewegung zählte das offene, freundschaftliche Gespräch am Lagerfeuer, beim Blick in die tanzenden Flammen das freie Laufenlassen der Gedanken. Das Licht dieses Feuers ist nicht das Licht im Osten, das Licht der Wahrheit. Es ist das Licht in uns selbst, von dem unsere ureigenen

Gedanken ausgehen. So verstanden es die Gründer der ‹Weißen Lilie›. Weil nun schlechterdings in geschlossenen Logenräumen keine Lagerfeuer entzündet werden sollten, wurde das große Feuer auf eine im Rund wandernde Kerze reduziert und damit das Lagerfeuergespräch zum Kerzengespräch – allerdings die Idee, die Gedanken frei laufen zu lassen, blieb erhalten.»

Soweit Gerhart Groß zu den Ursprüngen und Hintergründen. Zur Wirkung schreibt er:
«Kerzengespräche und das ‹Rund-um-ein-Feuer-sitzen-und-sinnieren› – das ist etwas Archaisches, dessen Wirkung wahrscheinlich schon bei den Aborigines in Australien, San in Südafrika oder den Neandertalern nicht seine Wirkung verfehlt haben dürfte. Man lässt seinen Gedanken freien Lauf, nimmt die Gedanken der Kameraden auf und spinnt sie weiter, ist ehrlich – und wenn es mal Krach gegeben hat, kann man den bei dieser Gelegenheit viel leichter ansprechen. Man kann reden, muss aber nicht. Muss man mal mitgemacht haben nach einer langen Wanderung. Das Zelt ist aufgebaut, Holz ist gesam-

melt, das Lagerfeuer brennt, über dir der Mond und die Sterne und im Sommer vielleicht sogar ein paar Sternschnuppen. Hört sich romantisch an – trägt aber ungemein viel zum Zusammengehörigkeitsgefühl bei. Was heute draußen in der freien Natur so gut wie nicht mehr möglich ist, lässt sich mit einem Kerzengespräch an einem Bruderabend zumindest ein wenig nachempfinden. Bei Treffen am Stammsitz der ‹Weißen Lilie›, dem Markgrafenbau bei Burgbernheim, lässt sich das noch live erleben – entweder draußen auf dem Vorplatz oder bei schlechtem Wetter in der Jurte.»

Tatsächlich scheint es also, als hätten sich die Begründer der Kerzengespräche ganz gezielt die anfangs beschriebenen Effekte zunutze gemacht. Effekte, wie sie aus Pfadfinder- und Wandervogelkreisen von Lagerfeuerrunden bekannt waren.

Hartmut Schröder, aktuell Archivar der «Weißen Lilie», hat sich extra die Mühe gemacht, noch einmal alte Logenprotokolle durchzuarbeiten. Und siehe da: Das erste Kerzengespräch fand in der «Weißen Lilie»

am 16. April 1966 statt. Aber: Es war offenbar nicht das erste Kerzengespräch überhaupt.
Laut Protokoll wurde die Gesprächsform von der Berliner Loge «König Salomo zur weißen Lilie» übernommen. Und da Hartmut – ganz Freimaurer – es genauer wissen wollte, hat er auch drei Zeitzeugen und Brüder der heute nicht mehr existierenden Berliner Loge aufgespürt.
Alle drei sind sich sicher, dass das Kerzengespräch vor 1966 in der Salomo-Loge entwickelt und nicht aus der Pfadfinderschaft übernommen wurde. Interessanterweise liefert auch die Google-Suche nach den Begriffen «Pfadfinder» und «Kerzengespräche» keine Treffer. An die genaueren Umstände kann sich jedoch keiner der drei Befragten mehr erinnern – der Betagteste ist inzwischen fast 100 Jahre alt.

Es bleibt also letztlich doch ein wenig «Dunkel im Licht». Wir dürfen auch hier der freimaurerischen Fantasie wieder freien Lauf lassen. Und wer ein Auge zudrückt, kann nun sogar schelmisch behaupten: Die Spur der Kerzengespräche führt zu «König Salomon».

Auch wenn also bislang kaum jemand die genauen Hintergründe kannte und es bis heute keinen ritualisierten Ablauf für Kerzengespräche gibt, haben sie sich weit verbreitet.
Bislang sind sie noch ein deutsches Phänomen und werden fast ausschließlich unter Logenmitgliedern durchgeführt.
Doch mit diesem kleinen Zeremoniell wird es hoffentlich nicht dabei bleiben. Dafür sind die Kerzengespräche, auch bei der Arbeit mit Außenstehenden, schon zu sehr ein Erfolgsmodell. Sie eignen sich durchaus als eine Art «Freimaurerei light für alle».

Es ist vielleicht etwas hochgegriffen, aber Kerzengespräche könnten die Welt wirklich zu einem etwas besseren Ort machen. Wieviel friedlicher wäre unser Zusammenleben, wenn wir lernen würden, wieder mehr zuzuhören und andere Meinungen auszuhalten, statt immer Recht haben zu wollen. Genau dafür sind Kerzengespräche ein hervorragendes Trainings-Werkzeug.

Zum Schluss aber noch einmal zurück zu IKEA: Auf *YouTube* konnte man vor einiger Zeit einem Betrunkenen beim Auspusten einer LED-Kerze zuschauen. Sieht lustig aus, macht aber keinen Spaß.

Genauso verhält es sich eigentlich mit diesem kleinen «Ritual»:

Machen Sie damit gerne, was Sie wollen, betrachten Sie es als rauen Stein, am dem Sie sich kreativ austoben können. Nichts ist in Stein gemeißelt – mit einer Ausnahme: Kommen Sie bitte nie auf die Idee, LED-Kerzen zu verwenden.

Die Welt braucht mehr «Glimma».

Themenvorschläge für Kerzengespräche

- Eine oft zitierte englische Beschreibung der Freimaurerei lautet: «To make good men better» – aus guten Menschen (noch) bessere Menschen zu machen. Wie aber wird man ein – an sich selbst gemessen – «besserer Mensch»? Was gehört für Dich dazu? Was macht für Dich im 21. Jahrhundert einen besseren Menschen aus?

- Eine Loge soll laut den «Alten Pflichten» von 1723 unterschiedliche Menschen zusammenbringen, die sich sonst vielleicht nie begegnet bzw. einander ewig «fremd» geblieben wären. Es heißt auch, wir würden in Logen «Einheit in Vielfalt» üben. Was hält uns zusammen?

- Warum hast du begonnen, dich für Freimaurerei zu interessieren und was fasziniert dich (bis) heute?

- «Sterben lernen, heißt leben lernen», lautet ein oft zitiertes Sprichwort. «Herr, lehre uns bedenken, dass wir sterben müssen, auf das wir klug werden», heißt es z. B. in der Bibel. Auch im dritten Grad der Freimaurerei soll man sich mit dem eigenen unausweichlichen Ende auseinandersetzen. Wie bereitest du dich darauf vor?

- Was bleibt von dir, wenn du gegangen bist? Woran werden sich die Menschen erinnern und woran sollten sie sich erinnern?

- «Jeder Menschen hat etwas, das ihn antreibt» heißt es in einem TV-Werbespot. Was treibt dich an? Wofür stehst du morgens auf?

- Was bedeutet die Freimaurerei dir oder (für die Gäste): Was stellst du dir unter der Freimaurerei vor?

- Freimaurerei ist «Arbeit am rauen Stein», dem Symbol für die eigene unvollkommene Persönlichkeit. Jeder von uns soll an seinen eigenen

Macken, Ecken und Kanten arbeiten, um sich harmonischer ins Bauwerk der Gemeinschaft einfügen zu können, statt (ständig) anzuecken. An welchen Macken, Ecken und Kanten arbeitest du und welche Erfahrungen hast du dabei gemacht? An welchen Macken, Ecken und Kanten möchtest du noch arbeiten?